Johann Wolfgang Goethe

Satyros oder

der vergötterte Waldteufel

Drama

Johann Wolfgang Goethe: Satyros oder der vergötterte Waldteufel. Drama

Entstanden 1773. Erstdruck in Werke, Stuttgart und Tübingen (Cotta) 1817.

Neuausgabe mit einer Biographie des Autors
Herausgegeben von Karl-Maria Guth
Berlin 2016

Der Text dieser Ausgabe folgt:
Johann Wolfgang von Goethe: Berliner Ausgabe. Herausgegeben von Siegfried Seidel: Poetische Werke [Band 1–16]; Kunsttheoretische Schriften und Übersetzungen [Band 17–22], Berlin: Aufbau, 1960 ff.

Die Paginierung obiger Ausgabe wird hier als Marginalie zeilengenau mitgeführt.

Umschlaggestaltung von Thomas Schultz-Overhage unter Verwendung des Bildes: Jacob Jordaens, Satyr, 1621

Gesetzt aus der Minion Pro, 11 pt

Verlag: Henricus - Edition Deutsche Klassik GmbH
Mörchinger Str. 33, 14169 Berlin, info@henricus-verlag.de
Druck: Libri Plureos GmbH, Friedensallee 273, 22763 Hamburg

Die Ausgaben der Sammlung Hofenberg basieren auf zuverlässigen Textgrundlagen. Die Seitenkonkordanz zu anerkannten Studienausgaben machen Hofenbergtexte auch in wissenschaftlichem Zusammenhang zitierfähig.

ISBN 978-3-8430-9015-5

Bibliografische Information der Deutschen Nationalbibliothek

Die Deutsche Nationalbibliothek verzeichnet diese Publikation in der Deutschen Nationalbibliografie; detaillierte bibliografische Daten sind im Internet über www.dnb.de abrufbar.

Erster Akt

EINSIEDLER.
   Ihr denkt, ihr Herrn, ich bin allein,
   Weil ich nicht mag in Städten sein.
   Ihr irrt euch, liebe Herren mein!
   Ich hab mich nicht hierher begeben,
   Weil sie in Städten so ruchlos leben
   Und alle wandeln nach ihrem Trieb,
   Der Schmeichler, Heuchler und der Dieb:
   Das hätt mich immerfort ergetzt,
   Wollten sie nur nicht sein hochgeschätzt;
   Bestehlen und bescheißen mich, wie die Raben,
   Und noch dazu Reverenzen haben!
   Ihrer langweiligen Narrheit satt,
   Bin herausgezogen in Gottes Stadt,
   Wo's freilich auch geht drüber und drunter
   Und geht desungeacht nicht unter.
   Ich seh im Frühling ohne Zahl
   Blüten und Knospen durch Berg und Tal,
   Wie alles drängt und alles treibt,
   Kein Pläcklein ohne Keimlein bleibt.
   Da denkt nun gleich der steif' Philister:
   Das ist für mich und meine Geschwister.
   Unser Herrgott ist so gnädig heuer;
   Hätt ich's doch schon in Fach und Scheuer!
   Unser Herrgott spricht: Aber mir nit so!
   Es sollen's ander auch werden froh.
   Da lockt uns denn der Sonnenschein
   Störch und Schwalb' aus der Fremd herein,
   Den Schmetterling aus seinem Haus,
   Die Fliegen aus den Ritzen raus
   Und brütet das Raupenvölklein aus.
   Das quillt all von Erzeugungskraft,
   Wie sich's hat aus dem Schlaf gerafft;
   Vögel und Frösch und Tier' und Mücken

165

Begehn sich zu allen Augenblicken,
Hinten und vorn, auf Bauch und Rücken,
Daß man auf jeder Blüt und Blatt
Ein Eh- und Wochenbettlein hat.
Und sing ich dann im Herzen mein
Lob Gott mit allen Würmelein.
Das Volk will dann zu essen haben,
Verzehren bescherte Gottesgaben.
So frißt 's Würmlein frisch Keimleinblatt,
Das Würmlein macht das Lerchlein satt,
Und weil ich auch bin zu essen hier,
Mir das Lerchlein zu Gemüte führ.
Ich bin denn auch ein häuslich' Mann,
Hab Haus und Stall und Garten dran.
Mein Gärtlein, Früchtlein ich beschütz
Vor Kält und Raupen und dürrer Hitz.
Kommt aber herein der Kieselschlag
Und furaschiert mir an einem Tag,
So ärgert mich der Streich fürwahr;
Doch leb ich noch am End vom Jahr
Wo mancher Bärwolf ist schon tot
Aus Ängsten vor der Hungersnot.

Man hört von ferne heulen.

U! U! Au! Au! Weh! Weh! Ai! Ai!
EINSIEDLER.
Welch ein erbärmlich Wehgeschrei!
Muß eine verwundte Besti' sein.
SATYROS.
O weh, mein Rücken! o weh, mein Bein!
EINSIEDLER.
Gut Freund, was ist Euch Leids geschehn?
SATYROS.
Dumme Frag! Ihr könnt's ja sehn.
Ich bin gestürzt – entzwei mein Bein!
EINSIEDLER.
Hockt auf! Hier in die Hütte rein.

Einsiedler bockt ihn auf, trägt ihn in die Hütte und legt ihn
aufs Bett.

EINSIEDLER.

Halt still, daß ich die Wund beseh!

SATYROS.

Ihr seid ein Flegel! Ihr tut mir weh.

EINSIEDLER.

Ihr seid ein Fratz! So halt denn still!

Wie, Teufel, ich Euch da schindeln will?

Verbindet ihn.

So bleibt nur wenigstens in Ruh.

SATYROS.

Schafft mir Wein und Obst dazu.

EINSIEDLER.

Milch und Brot, sonst nichts auf der Welt.

SATYROS.

Eure Wirtschaft ist schlecht bestellt.

EINSIEDLER.

Des vornehmen Gasts mich nicht versah.

Da, kostet von dem Topfe da.

SATYROS.

Pfui! was ist das ein ä Geschmack

Und magrer als ein Bettelsack.

Da droben im G'birg die wilden Ziegen,

Wenn ich eine bei 'n Hörnern tu kriegen,

Faß mit dem Maul ihre vollen Zitzen,

Tu mir mit Macht die Gurgel bespritzen,

Das ist, bei Gott! ein ander Wesen.

EINSIEDLER.

Drum eilt Euch, wieder zu genesen.

SATYROS.

Was blast Ihr da so in die Hand?

EINSIEDLER.

Seid Ihr nicht mit der Kunst bekannt?

Ich hauch die Fingerspitzen warm.

SATYROS.

Ihr seid doch auch verteufelt arm.
EINSIEDLER.

Nein, Herr! ich bin gewaltig reich;
Meinem eignen Mangel helf ich gleich.
Wollt Ihr von Supp und Kraut nicht was?

SATYROS.

Das warm Geschlapp, was soll mir das?

EINSIEDLER.

So legt Euch denn einmal zur Ruh,
Bringt ein paar Stund' mit Schlafen zu.
Will sehen, ob ich nicht etwan
Für Euren Gaum was finden kann.

Ende des ersten Akts.

Zweiter Akt

SATYROS *erwachend.*

Das ist eine Hunde-Lagerstätt!
Ein's Missetäters Folterbett!
Aufliegen hab ich tan mein' Rücken,
Und die Unzahl verfluchter Mücken!
Bin kommen in ein garstig Loch.
In meiner Höhl da lebt man doch;
Hat Wein im wohlgeschnitzten Krug
Und fette Milch und Käs genug. –
Kann doch wohl wieder den Fuß betreten? –
Da ist dem Kerl sein Platz zu beten.
Es tut mir in den Augen weh,
Wenn ich dem Narren seinen Herrgott seh.
Wollt lieber eine Zwiebel anbeten,
Bis mir die Trän' in die Augen träten,
Als öffnen meines Herzens Schrein
Einem Schnitzbildlein, Querhölzelein.
Mir geht in der Welt nichts über mich:
Denn Gott ist Gott, und ich bin ich.
Ich denk, ich schleiche so hinaus;
Der Teufel hol den Herrn vom Haus!
Könnt ich nicht etwa brauchen was?
Das Leinwand nu wär so ein Spaß.
Die Maidels laufen so vor mir;
Ich denk, ich bind's so etwa für.
Seinen Herrgott will ich runter reißen
Und draußen in den Gießbach schmeißen.

Ende des zweiten Akts.

Dritter Akt

SATYROS.

Ich bin doch müd; 's ist höllisch schwül.
Der Brunn, der ist so schattenkühl.
Hier hat mir einen Königsthron
Der Rasen ja bereitet schon;
Und die Lüftelein laden mich all
Wie lose Buhlen ohne Zahl.
Natur ist rings so liebebang;
Ich will dich letzen mit Flöt und Sang.

Zwei Mägdlein mit Wasserkrügen.

ARSINOE.

Hör, wie's daher so lieblich schallt!
Es kömmt vom Brunn oder aus 'm Wald.

PSYCHE.

Es ist kein Knab von unsrer Flur;
So singen Himmelsgötter nur.
Komm, laß uns lauschen!

ARSINOE.

Mir ist bang.

PSYCHE.

Mein Herz, ach! lechzt nach dem Gesang.

SATYROS *singt.*

Dein Leben, Herz, für wen erglüht's?
Dein Adlerauge, was ersieht's?
Dir huldigt ringsum die Natur,
's ist alles dein;
Und bist allein,
Bist elend nur!

ARSINOE.

Der singt wahrhaftig gar zu schön!

PSYCHE.

Mir will das Herz in meiner Brust vergehn.

169

SATYROS *singt.*

  Hast Melodie vom Himmel geführt
  Und Fels und Wald und Fluß gerührt;
  Und wonnlicher war dein Lied der Flur
  Als Sonnenschein;
  Und bist allein,
  Bist elend nur!

PSYCHE.

  Welch göttlich hohes Angesicht!

ARSINOE.

  Siehst denn seine langen Ohren nicht?

PSYCHE.

  Wie glühend stark umher er schaut!

ARSINOE.

  Möcht drum nicht sein des Wunders Braut.

SATYROS.

  O Mädchen hold, der Erde Zier!
  Ich bitt euch, fliehet nicht vor mir.

PSYCHE.

  Wie kommst du an den Brunnen hier?

SATYROS.

  Woher ich komm, kann ich nicht sagen,
  Wohin ich geh, müßt ihr nicht fragen.
  Gebenedeit sind mir die Stunden,
  Da ich dich, liebes Paar! gefunden.

PSYCHE.

  O lieber Fremdling! sag uns recht,
  Welch ist dein Nam und dein Geschlecht?

SATYROS.

  Meine Mutter hab ich nie gekannt,
  Hat niemand mir mein' Vater genannt.
  Im fernen Land hoch Berg und Wald
  Ist mein beliebter Aufenthalt.
  Hab weit und breit meinen Weg genommen.

PSYCHE.

  Sollt er wohl gar vom Himmel kommen?

ARSINOE.

Von was, o Fremdling, lebst du dann?

SATYROS.

Vom Leben, wie ein andrer Mann.
Mein ist die ganze weite Welt,
Ich wohne, wo mir's wohlgefällt;
Ich herrsch übers Wild und Vögelheer,
Frücht auf der Erden und Fisch' im Meer.
Auch ist auf 'm ganzen Erdenstrich
Kein Mensch so weis und klug als ich.
Ich kenn die Kräuter ohne Zahl,
Der Sterne Namen allzumal,
Und mein Gesang, der dringt ins Blut
Wie Weines Geist und Sonnenglut.

PSYCHE.

Ach Gott! ich weiß, wie's einem tut.

ARSINOE.

Hör, das wär meines Vaters Mann.

PSYCHE.

Ja freilich!

SATYROS.

Wer ist dein Vater dann?

ARSINOE.

Er ist der Priester und Ältest im Land,
Hat viele Bücher und viel Verstand,
Versteht sich auch auf Kräuter und Sternen;
Ihr müßt ihn wahrhaftig kennenlernen.

PSYCHE.

So lauf und bring ihn geschwind herbei!

Arsinoe ab.

SATYROS.

So sind wir denn allein und frei.
O Engelskind! Dein himmlisch Bild
Hat meine Seel mit Wonn erfüllt.

PSYCHE.

O Gott! seitdem ich dich gesehn,

Kann kaum auf meinen Füßen stehn.
SATYROS.

Von dir glänzt Tugend-Wahrheits-Licht
Wie aus eines Engels Angesicht.
PSYCHE.

Ich bin ein armes Mägdelein,
Dem du, Herr! wollest gnädig sein.

Er umfaßt sie.

SATYROS.

Hab alles Glück der Welt im Arm
So Liebe-Himmels-Wonne-warm!
PSYCHE.

Dies Herz mir schon viel Weh bereit',
Nun aber stirbt's in Seligkeit.
SATYROS.

Du hast nie gewußt, wo mit hin?
PSYCHE.

Nie – als seitdem ich bei dir bin.
SATYROS.

Es war so ahnungsvoll und schwer,
Dann wieder ängstlich arm und leer;
Es trieb dich oft in Wald hinaus,
Dort Bangigkeit zu atmen aus;
Und wollustvolle Tränen flossen,
Und heil'ge Schmerzen sich ergossen,
Und um dich Himmel und Erd verging?
PSYCHE.

O Herr! du weißest alle Ding'.
Und aller Seligkeit Wahntraumbild
Fühl ich erbebend voll erfüllt.

Er küßt sie mächtig.

PSYCHE.

Laßt ab! – mich schaudert's – Wonn und Weh –
O Gott im Himmel! ich vergeh –

Hermes und Arsinoe kommen.

HERMES.
Willkommen, Fremdling, in unserm Land!
SATYROS.
Ihr tragt ein verflucht weites Gewand.
HERMES.
Das ist nun so die Landesart.
SATYROS.
Und einen lächerlich krausen Bart.
ARSINOE *leise zu Psyche.*
Dem Fratzen da ist gar nichts recht.
PSYCHE.
O Kind! er ist von einem Göttergeschlecht.
HERMES.
Ihr scheint mir auch so wunderbar.
SATYROS.
Siehst an mein ungekämmtes Haar,
Meine nackte Schultern, Brust und Lenden,
Meine lange Nägel an den Händen;
Da ekelt dir's vielleicht dafür?
HERMES.
Mir nicht!
PSYCHE.
Mir auch nicht.
ARSINOE *für sich.*
Aber mir!
SATYROS.
Ich wollt sonst schnell von hinnen eilen
Und in dem Wald mit den Wölfen heulen,
Wenn ihr euer unselig Geschick
Wolltet wähnen für Gut und Glück,
Eure Kleider, die euch beschimpfen,
Mir als Vorzug entgegenrümpfen.
HERMES.
Herr! es ist eine Notwendigkeit.

PSYCHE.

Oh, wie beschwert mich schon mein Kleid!

SATYROS.

Was Not! Gewohnheitsposse nur,
Fernt euch von Wahrheit und Natur,
Drin doch alleine Seligkeit
Besteht und Lebens-Liebens-Freud;
Seid all zur Sklaverei verdammt,
Nichts Ganzes habt ihr allzusamt!

Es drängt sich allerlei Volk zusammen.

EINER AUS DEM VOLK.

Wer mag der mächtig' Redner sein?

EIN ANDERER.

Einem dringt das Wort durch Mark und Bein.

SATYROS.

Habt eures Ursprungs vergessen,
Euch zu Sklaven versessen,
Euch in Häuser gemauert,
Euch in Sitten vertrauert,
Kennt die goldnen Zeiten
Nur als Märchen: von weiten.

DAS VOLK.

Weh uns! Weh!

SATYROS.

Da eure Väter neugeboren
Vom Boden aufsprangen,
In Wonnetaumel verloren
Willkommelied sangen,
An mitgeborner Gattin Brust,
Der rings aufkeimenden Natur,
Ohne Neid gen Himmel blickten,
Sich zu Göttern entzückten.
Und ihr – wo ist sie hin, die Lust
An sich selbst? Siechlinge, verbannet nur!

DAS VOLK.

Weh! Weh!

SATYROS.

    Selig, wer fühlen kann,
    Was sei: Gott sein! Mann!
    Seinem Busen vertraut,
    Entäußert bis auf die Haut
    Sich alles fremden Schmucks,
    Und nun ledig des Drucks
    Gehäufter Kleinigkeiten, frei
    Wie Wolken, fühlt, was Leben sei!
    Stehn auf seinen Füßen,
    Der Erde genießen,
    Nicht kränklich erwählen,
    Mit Bereiten sich quälen;
    Der Baum wird zum Zelte,
    Zum Teppich das Gras,
    Und rohe Kastanien
    Ein herrlicher Fraß!

DAS VOLK.

    Rohe Kastanien! O hätten wir's schon!

SATYROS.

    Was hält euch zurücke
    Vom himmlischen Glücke?
    Was hält euch davon?

DAS VOLK.

    Rohe Kastanien! Jupiters Sohn!

SATYROS.

    Folgt mir, ihr Werten!
    Herren der Erden!
    Alle gesellt!

DAS VOLK.

    Rohe Kastanien! Unser die Welt!

Ende des dritten Akts.

Vierter Akt

Im Wald.
Satyros, Hermes, Psyche, Arsinoe, das Volk sitzen in einem
Kreise, alle gekauert wie die Eichhörnchen, haben Kastanien
in den Händen und nagen daran.

HERMES *für sich.*
> Sackerment! ich habe schon
> Von der neuen Religion
> Eine verfluchte Indigestion!

SATYROS.
> Und bereitet zu dem tiefen Gang
> Aller Erkenntnis, horchet meinem Gesang!
> Vernehmt, wie im Unding
> Alles durcheinanderging;
> Im verschloßnen Haß die Elemente tosend,
> Und Kraft an Kräften widrig sich stoßend,
> Ohne Feindsband, ohne Freundsband,
> Ohne Zerstören, ohne Vermehren.

DAS VOLK.
> Lehr uns! wir hören!

SATYROS.
> Wie im Unding das Urding erquoll,
> Lichtsmacht durch die Nacht scholl,
> Durchdrang die Tiefen der Wesen all,
> Daß aufkeimte Begehrungsschwall
> Und die Elemente sich erschlossen,
> Mit Hunger ineinander ergossen,
> Alldurchdringend, alldurchdrungen.

HERMES.
> Des Mannes Geist ist von Göttern entsprungen.

SATYROS.
> Wie sich Haß und Lieb gebar
> Und das All nun ein Ganzes war,
> Und das Ganze klang

In lebend wirkendem Ebengesang,
Sich täte Kraft in Kraft verzehren,
Sich täte Kraft in Kraft vermehren,
Und auf und ab sich rollend ging
Das all und ein und ewig Ding,
Immer verändert, immer beständig!

DAS VOLK.

Er ist ein Gott!

HERMES.

Wie wird die Seele lebendig
Vom Feuer seiner Rede!

DAS VOLK.

Gott! Gott!

PSYCHE.

Heiliger Prophete,
Gottheit! an deinen Worten, an deinen Blicken
Ich sterbe vor Entzücken!

DAS VOLK.

Sinkt nieder!
Betet an!

EINER.

Sei uns gnädig!

EIN ANDRER.

Wundertätig
Und herrlich!

DAS VOLK.

Nimm dies Opfer an!

EINER.

Die Finsternis ist vergangen.

DAS VOLK.

Nimm dies Opfer an!

EINER.

Der Tag bricht herein.

DAS VOLK.

Wir sind dein!
Gott, dein! ganz dein!

*Der Einsiedler kommt durch den Wald gerade auf den Satyros
zu.*

EINSIEDLER.

Ah, saubrer Gast! find ich dich hier,
Du ungezogen schändlich Tier!

SATYROS.

Mit wem sprichst du?

EINSIEDLER.

Mit dir.
Wer hat bestohlen mich undankbar?
Meines Gottes Bild geraubet gar?
Du hinkender Teufel!

DAS VOLK.

Höllenspott!
Er lästert unsern herrlichen Gott!

EINSIEDLER.

Du wirst von keiner Schande rot.

DAS VOLK.

Der Lästrer hat verdient den Tod.
Steinigt ihn!

SATYROS.

Haltet ein!
Ich will nicht dabei zugegen sein.

DAS VOLK.

Sein unrein Blut, du himmlisch Licht!
Fließ fern von deinem Angesicht.

SATYROS.

Ich gehe.

DAS VOLK.

Doch verlaß uns nicht!

Satyros ab.

EINSIEDLER.

Seid ihr toll?

HERMES.

Unseliger, kein Wort!

Bringt ihn an einen sichern Ort!
Geht, verschließt ihn in meine Wohnung.

Sie führen den Einsiedler ab.

DAS VOLK.
Sterben soll er!
HERMES.
Er verdient keine Schonung.
Und zu versühnen den himmlischen Geist,
Der uns sich so gnädig und liebreich erweist,
Wollen wir ihm unsern Tempel weihn
Und mit dem blutigen Opfer erfreun.
DAS VOLK.
Wohl! Wohl!
HERMES.
Zur Gottheit Füßen
Den Frevel zu büßen.
DAS VOLK.
Das Verbrechen
Zu rächen,
Zu tilgen den Spott.
ALLE.
Zernichtet die Lästrer,
Verherrlicht Gott!

Ende des vierten Akts.

Fünfter Akt

Wohnung des Hermes.
Eudora, Hermes' Frau. Der Einsiedler.

EUDORA.

Nimm, guter Mann! dies Brot und Milch von mir,
Es ist das letzte.

EINSIEDLER.

Weib! ich danke dir.
Und weine nicht; laß mich in Ruhe scheiden,
Dies Herz ist wohl gewöhnt, zu leiden,
Allein zu leiden, männiglich.
Dein Mitleid überwältigt mich.

EUDORA.

Ich bin betrübt, wie Blutdurst meinen Mann,
Das ganze Volk der Schwindel fassen kann!

EINSIEDLER.

Sie glauben. Laß sie! Du wirst nichts gewinnen.
Das Schicksal spielt
Mit unserm armen Kopf und Sinnen.

EUDORA.

Dich um des Tiers willen töten!

EINSIEDLER.

Tiers! Wer sein Herz bedürftig fühlt,
Findt überall einen Propheten.
Ich bin der erste Märtyrer nicht,
Aber gewiß der harmlosen einer;
Um keiner Meinungen, keiner
Willkürlichen Grillen,
Um eines armen Lappens willen,
Eines Lappens, bei Gott! den ich brauchte.
Mein Andachtsbild, den Schutzgott meiner Ruh,
Raubt mir das Ungeheu'r dazu.

EUDORA.

O Freund! ich kenn sein Götterblut wie du.

177

Mein Mann ward Knecht in seiner eignen Wohnung,
Und Ihro borst'ge Majestät sah zur Belohnung
Mich Hausfrau für einen arkadischen Schwan,
Mein Ehbett für einen Rasen an,
Sich drauf zu tummeln.

EINSIEDLER.

Ich erkenn ihn dran.

EUDORA.

Ich schickt ihn mit Verachtung weg. Er hing
Sich fester an Psyche, das arme Ding,
Um mich zu trotzen! Und seit der Zeit
Sterb ich oder seh dich befreit.

EINSIEDLER.

Sie bereiten das Opfer heut.

EUDORA.

Die Gefahr lehrt uns bereit sein.
Ich gebe nichts verloren;
Mit einem Blick lenk ich ein
Bei dem kühnen, eingebildten Toren.

EINSIEDLER.

Und dann?

EUDORA.

Wann sie dich zum Opfer führen,
Lock ich ihn an, sich zu verlieren
In die innern heiligen Hallen,
Aus Großmut-Sanftmut-Schein.
Da dring auf das Volk ein,
Uns zu überfallen.

EINSIEDLER.

Ich fürchte –

EUDORA.

Fürchte nicht!
Einer, der um sein Leben spricht,
Hat Gewalt. Ich wage, und du sollst reden.

Ab.

EINSIEDLER.
Geht's nicht, so mögen sie mich töten.

Der Tempel.
Satyros sitzt ernst-wild auf dem Altar. Das Volk vor ihm auf
den Knien. Psyche an ihrer Spitze.

DAS VOLK. CHORUS.
Geist des Himmels, Sohn der Götter,
Zürne nicht!
Frevlern deiner Stirne Wetter,
Uns ein gnädig Angesicht!
Hat der Lästrer das verbrochen,
Sieh herab, du wirst gerochen!
Schrecklich nahet sein Gericht.

Hermes. Ihm folgt ein Trupp, den Einsiedler gebunden
führend.

DAS VOLK.
Höll und Tod dem Übertreter!
Geist des Himmels, Sohn der Götter,
Zürne deinen Kindern nicht!
SATYROS *herabsteigend.*
Ich hab ihm seine Missetat verziehn!
Der Gerechtigkeit überlaß ich ihn.
Mögt den Toren schlachten, befrein;
Ich will nicht dawider sein.
DAS VOLK.
O Edelmut!
Es fließe sein Blut!
SATYROS.
Ich geh ins Heiligtum hinein;
Und keiner soll sich unterstehn,
Bei Lebensstraf, mir nachzugehn!
EINSIEDLER *für sich.*
Weh mir! Ihr Götter, wollet bei mir stehn!

Satyros ab.

EINSIEDLER.

Mein Leben ist in euren Händen,
Ich bin nicht unbereitet, es zu enden.
Ich habe schon seit manchen langen Tagen
Nicht genossen, nur das Leben so ausgetragen.
Es mag! Mich hält der tränenvolle Blick
Des Freundes, eines lieben Weibes Not
Und unversorgter Kinder Elend nicht zurück.
Mein Haus versinkt nach meinem Tod,
Das dem Bedürfnis meines Lebens
Allein gebaut war. Doch das schmerzt mich nur,
Daß ich die tiefe Kenntnis der Natur
Mit Müh geforscht und leider! nun vergebens;
Daß hohe Menschenwissenschaft,
Manche geheimnisvolle Kraft
Mit diesem Geist der Erd entschwinden soll.

EINER DES VOLKS.

Ich kenn ihn; er ist der Künste voll.

EIN ANDRER.

Was Künste! Unser Gott weiß das all.

EIN DRITTER.

Ob er sie sagt, das ist ein andrer Fall.

EINSIEDLER.

Ihr seid über hundert. Wenn's zwei-, dreihundert wären,
Ich wollte jedem sein eigen Kunststück lehren,
Einem jeden eins,
Denn was alle wissen, ist keins.

DAS VOLK.

Er will uns beschwätzen. Fort! Fort!

EINSIEDLER.

Noch ein Wort!
So erlaube, daß ich dir
Ein Geheimnis eröffne, das für und für
Dich glücklich machen soll.

HERMES.

Und wie soll's heißen?

EINSIEDLER *leise.*

Nichts weniger als den Stein der Weisen.
Komm von der Menge
Nur einen Schritt in diese Gänge.

Sie wollen gehn.

DAS VOLK.

Verwegner, keinen Schritt!

PSYCHE.

Ins Heiligtum! Und, Hermes, du gehst mit?
Vergissest des Gottes Gebot?

VOLK.

Auf! Auf! Des Frevlers Blut und Tod.

*Sie reißen den Einsiedler zum Altare. Einer dringt dem
Hermes das Messer auf.*

EUDORA *inwendig.*

180   Hülfe! Hülfe!

DAS VOLK.

Welche Stimme?

HERMES.

Das ist mein Weib!

EINSIEDLER.

Gebietet eurem Grimme
Einen Augenblick!

EUDORA *inwendig.*

Hülfe, Hermes! Hülfe!

HERMES.

Mein Weib! Götter, mein Weib!

*Er stößt die Türen des Heiligtums auf. Man sieht Eudora,
sich gegen des Satyros Umarmungen verteidigend.*

HERMES.

Es ist nicht möglich!

Satyros läßt Eudoren los.

EUDORA.

Da seht ihr euren Gott!

VOLK.

Ein Tier! ein Tier!

SATYROS.

Von euch Schurken keinen Spott!
Ich tät euch Eseln eine Ehr an,
Wie mein Vater Jupiter vor mir getan;
Wollt eure dummen Köpf belehren
Und euren Weibern die Mücken wehren,
Die ihr nicht gedenkt ihnen zu vertreiben;
So mögt ihr denn im Dreck bekleiben.
Ich zieh meine Hand von euch ab,
Lasse zu edlern Sterblichen mich herab.

HERMES.

Geh! wir begehren deiner nit.

Satyros ab.

EINSIEDLER.

Es geht doch wohl eine Jungfrau mit.   181

Biographie

1749 *28. August:* Johann Wolfgang Goethe wird in Frankfurt am Main als Sohn des Kaiserlichen Rates Dr. jur. Johann Caspar Goethe und seiner Frau Catharina Elisabeth, geb. Textor, geboren. Die Eltern legen großen Wert auf die Ausbildung Goethes. Bereits früh erhält er Privatunterricht in Latein, Griechisch, Englisch und Italienisch sowie im Schönschreiben.

1750 *Dezember:* Geburt der Schwester Cornelia.

1757 Erste literarische Versuche.

1764 *April:* Goethe erlebt als Zuschauer die Kaiserkrönung Josephs II. in Frankfurt.

1765 *Oktober:* Goethe immatrikuliert sich in Leipzig zum Jurastudium. Außerdem hört er Vorlesungen in Philosophie und Philologie, unter anderem bei Christian Fürchtegott Gellert und Johann Christoph Gottsched.
Dezember: Beginn des Zeichenunterrichts bei Adam Friedrich Oeser, der ihn zugleich mit den Ideen Johann Joachim Winckelmanns vertraut macht.

1766 Liebesbeziehung zu Anna Katharina (Käthchen) Schönkopf.

1767 Erste Arbeit am Schäferspiel »Die Laune des Verliebten« (private Uraufführung 1779, öffentliche Erstaufführung 1805, Erstdruck 1806).

1768 *Frühjahr:* Aufenthalt in Dresden.
Ende der Liebesbeziehung zu Käthchen Schönkopf.
Juli: Goethe erleidet einen Blutsturz.
August–September: Reise von Leipzig nach Frankfurt am Main.
Dezember: Schwere Krankheit mit lebensgefährlicher Krise. Es folgt eine längere Periode der Rekonvaleszenz.

1769 Beschäftigung mit Fragen der Kunsttheorie, vor allem setzt Goethe sich mit Gotthold Ephraim Lessings »Laokoon« und Johann Gottfried Herders »Kritischen Wäldern« auseinander.

1770 Goethe entschließt sich, das Studium in Straßburg und – nach der Promotion – in Paris fortzusetzen.
April: Goethe schreibt sich in Straßburg zum Jurastudium

ein. Allerdings interessiert er sich wenig für die Rechtswissenschaften, sondern hört vor allem medizinische Vorlesungen über Anatomie und Chirurgie, daneben beschäftigt er sich mit Geschichte und Staatswissenschaften.

Oktober: Erster Besuch in Sesenheim. Bekanntschaft mit Friederike Brion, der Tochter des dortigen Pfarrers.

Bekanntschaft mit Johann Gottfried Herder, der tiefen Einfluss auf Goethe ausübt.

1771 Bekanntschaft mit Jakob Michael Reinhold Lenz, der als Hofmeister zweier kurländischer Edelleute nach Straßburg kommt.

August: Goethe wird zum Lizentiaten der Rechte promoviert. Anschließend Rückkehr nach Frankfurt am Main, wo er beim Schöffengericht als Rechtsanwalt zugelassen wird.

November: Niederschrift der »Geschichte Gottfriedens von Berlichingen mit der eisernen Hand dramatisiert« (Erstdruck 1832).

1772 *Januar:* Bekanntschaft mit dem Kriegszahlmeister und Schriftsteller Johann Heinrich Merck und dem Darmstädter Zirkel der Empfindsamen.

Intensive Mitarbeit an den »Frankfurter Gelehrten Anzeigen«.

Mai: Goethe wird Praktikant am Reichskammergericht in Wetzlar.

Bekanntschaft mit Charlotte Buff.

Fertigstellung des Hymnus »Von deutscher Baukunst«, der gemeinsam mit Aufsätzen von Herder innerhalb des Sammelbandes »Von deutscher Art und Kunst« erscheint.

September: Goethe verlässt Wetzlar und wandert nach Ems. Anschließend Besuch bei Sophie von La Roche in Thal-Ehrenbreitenstein.

Bekanntschaft mit Johanna Katharina Sybilla Fahlmer.

Reisen nach Wetzlar und Darmstadt.

Vermutlich am Ende des Jahres beginnt Goethe mit der Niederschrift der ersten Szenen zum »Faust«, an dessen Urfassung er bis 1775 arbeitet.

1773 Aufenthalt in Darmstadt.

November: Hochzeit der Schwester Cornelia mit Johann Georg

Schlosser und deren Umzug nach Emmendingen.
Goethe und Merck veröffentlichen die überarbeitete Fassung des »Götz« im Selbstverlag.

1774 *Januar:* Im »Göttinger Musenalmanach« erscheinen erstmals Gedichte von Goethe.

Innerhalb weniger Wochen verfasst Goethe den Briefroman »Die Leiden des jungen Werthers«, der im Herbst erscheint. Das von orthodoxen Theologen erwirkte Verbot wegen Gefährdung der Moral kann den Siegeszug des Romans nicht aufhalten, der mit zahllosen Neuauflagen, Raubdrucken und Imitationen zu Goethes einzigem Erfolgswerk auf dem literarischen Markt wird. Ein regelrechtes Werther-Fieber erfasst die junge Generation.

Beginn der Briefwechsels mit Gottfried August Bürger, Johann Caspar Lavater und Friedrich Gottlieb Klopstock.

Freundschaft mit Friedrich Maximilian Klinger.

April: Das Drama »Götz von Berlichingen mit der eisernen Hand« wird in Berlin uraufgeführt.

Frühsommer: Konzeption des Trauerspiels »Egmont«.

Fertigstellung des Trauerspiels »Clavigo« in einer knappen Woche (Buchausgabe im gleichen Jahr).

Sommer: Lahn- und Rheinreise mit Johann Kaspaar Lavater und Johann Bernhard Basedow.

In Elberfeld Zusammentreffen mit Johann Heinrich Jung-Stilling, Johann Georg Jacobi, Wilhelm Heinse und Friedrich Heinrich Jacobi.

Oktober: Goethe lernt Klopstock kennen.

Erste Begegnung mit Erbprinz Karl August von Sachsen-Weimar-Eisenach in Frankfurt am Main.

1775 Bekanntschaft mit Maler Müller.

Liebesbeziehung zu Lili Schönemann.

Februar: Goethe schreibt das Schauspiel »Stella« (Buchausgabe 1776).

April: Verlobung mit Lili Schönemann.

Mai: Erste Reise in die Schweiz (bis Juli).

September: Herzog Karl August übernimmt die Regierung des Herzogtums Sachsen-Weimar-Eisenach und lädt Goethe nach Weimar ein.

Oktober: Lösung des Verlöbnisses mit Lili Schönemann.

November: Ankunft in Weimar.

Bekanntschaft mit Charlotte von Stein.

1776   Beginn der Freundschaft mit Christoph Martin Wieland.

Frühjahr: Aufenthalt in Leipzig.

April: Goethe zieht in ein Gartenhäuschen an den Ilmwiesen, wo er bis Juni 1782 wohnt.

Juni: Er tritt in den weimarischen Staatsdienst ein und wird zum Geheimen Legationsrat ernannt.

Oktober: Durch Vermittlung Goethes und Wielands kommt Johann Gottfried Herder als Generalsuperintendent nach Weimar.

Dezember: Reise nach Leipzig und Wörlitz.

1777   Beginn der Arbeit an dem Roman »Wilhelm Meisters theatralische Sendung«.

Juni: Tod der Schwester Cornelia.

September–Oktober: Reisen nach Eisenach und auf die Wartburg.

November–Dezember: Goethe reitet allein durch den Harz und besteigt den Brocken.

1778   *Mai:* Reise mit Herzog Karl August über Leipzig und Wörlitz nach Berlin und Potsdam.

September: Aufenthalte in Erfurt, Eisenach, Wilhelmsthal, auf der Wartburg und in Jena.

Dezember: Wiederaufnahme der Arbeit an dem Trauerspiel »Egmont«.

1779   *Januar:* Goethe übernimmt die Leitung der Kriegs- und der Wegebaukommission (bis zum Antritt der italienischen Reise 1786).

März: Goethe schließt die Arbeit an der ersten Fassung des Dramas »Iphigenie auf Tauris« ab, das im April in Weimar uraufgeführt wird. Goethe übernimmt dabei die Rolle des Orests.

September: Goethe wird zum Geheimen Rat ernannt.

Zweite Reise in die Schweiz mit Karl August über Kassel (Treffen mit Georg Forster). In Zürich wohnt Goethe bei

Lavater. Treffen mit Johann Jakob Bodmer.

Dezember: Rückreise über Stuttgart, Karlsruhe, Mannheim, Frankfurt und Darmstadt.

1780 *Mai:* Aufenthalt in Erfurt.

Sommer: Fertigstellung des Dramas »Die Vögel. Nach dem Aristophanes« (Buchausgabe 1787).

August: Uraufführung der »Vögel« in Ettersburg.

Oktober: Beginn der Ausarbeitung des »Torquato Tasso«.

1781 Teilnahme an der Weimarer Hofgesellschaft in Tiefurt.

Oktober: In Jena hört Goethe Vorlesungen über Anatomie.

November: Goethe beginnt, im »Freien Zeichen-Institut« Anatomievorträge zu halten.

Dezember: Reisen nach Gotha, Eisenach und Erfurt.

1782 *März:* Goethe reist als Abgesandter des Herzogs an die thüringischen Höfe.

April: Kaiser Joseph II. erhebt Goethe in den Adelsstand.

Mai: Tod des Vaters.

Juni: Einzug in das Haus am Frauenplan.

Nach Entlassung des Kammerpräsidenten Johann August Alexander von Kalb übernimmt Goethe die Leitung der Finanzverwaltung.

Dezember: Aufenthalte in Erfurt, Neunheiligen, Dessau und Leipzig.

1783 *Februar:* Goethe wird in den Illuminatenorden aufgenommen.

Aufenthalte in Ilmenau, Jena, Erfurt, Gotha und Wilhelmsthal.

September–Oktober: Zweite Reise in den Harz, nach Göttingen und nach Kassel.

1784 *März:* Goethe entdeckt in Jena den Zwischenkieferknochen am menschlichen Obergebiss.

August: Dritte Reise in den Harz.

September: Friedrich Heinrich Jacobi besucht Goethe.

1785 *März:* Beginn der Studien zur Botanik.

Juni–August: Reise durch das Fichtelgebirge nach Karlsbad mit Karl Ludwig von Knebel. Erster Kuraufenthalt in Karlsbad, dort Zusammentreffen mit Frau von Stein und Johann Gottfried Herder.

Abschluß des Romans »Wilhelm Meisters theatralische Sendung« (der ersten Fassung des Romans »Wilhelm Meisters Lehrjahre«).

1786 *Juli–August:* Zweiter Aufenthalt in Karlsbad.
September: Goethe bricht heimlich von Karlsbad nach Italien auf. Zunächst reist er über München, Innsbruck, Verona und Padua nach Venedig, wo er zwei Wochen bleibt.
Oktober: Weiterreise über Bologna und Florenz nach Rom.
Dezember: Abschluss der endgültigen Fassung des Dramas »Iphigenie auf Tauris« (erscheint 1787 in den »Schriften«).

1787 *Februar:* Abreise nach Neapel und Sizilien.
März: Goethe besteigt den Vesuv und besucht Pompeji mit Johann Heinrich Wilhelm Tischbein.
August: Abschluss der Arbeit am Drama »Egmont«.
Bei Georg Joachim Göschen in Leipzig beginnt die erste rechtmäßige Ausgabe von Goethes »Schriften« (8 Bände, 1787–90) zu erscheinen.

1788 *April:* Abschied von Rom.
Juni: Goethe kehrt nach Weimar zurück.
Juli: Zunehmende Entfremdung zwischen Goethe und Charlotte von Stein seit Goethes Rückkehr.
Beginn der Liebesbeziehung zu Christiane Vulpius.
Goethe löst die Beziehung zu Charlotte von Stein.
September: Erste Begegnung mit Friedrich Schiller in Rudolstadt.

1789 *September:* Goethe reist nach Aschersleben und in den Harz.
Dezember: Bekanntschaft mit Wilhelm von Humboldt.
Geburt des Sohnes Julius August Walther.
Goethe beendet die Arbeit an dem Drama »Torquato Tasso« (erscheint 1790 in den »Schriften«).

1790 *Januar:* Abschluss der Umarbeitung von »Faust. Ein Fragment« (erscheint in den »Schriften« sowie selbstständig).
März–Mai: Aufenthalt in Venedig.
Juli: Goethe reist nach Schlesien in das preußische Feldlager, nach Krakau und Czenstochau.
Oktober: Rückkehr nach Weimar.
»Die Metamorphose der Pflanzen« (naturwissenschaftliche Schrift).

1791 *Januar:* Goethe übernimmt die Leitung des Weimarer Hoftheaters.

März: Das Drama »Egmont« wird in Weimar uraufgeführt.

1792 *August–Oktober:* Goethe nimmt im Gefolge des Herzogs Karl August am Feldzug gegen das revolutionäre Frankreich teil.

November: Aufenthalt in Düsseldorf bei Friedrich Heinrich Jacobi.

Dezember: Goethe besucht die Fürstin Gallitizin in Münster.

Die zweite Werkausgabe, »Goethes neue Schriften«, erscheint bei Johann Friedrich Unger in Berlin (7 Bände, 1792–1800).

1793 *April:* In wenigen Tagen schreibt Goethe das Lustspiel »Der Bürgergeneral«.

Mai–Juli: Aufenthalt in Mainz als Beobachter bei der Belagerung der Stadt.

Entstehung des Versepos »Reineke Fuchs« (erscheint 1794 in den »Neuen Schriften«).

November: Geburt der Tochter Caroline, die kurz darauf stirbt.

1794 *August:* Ein Brief Schillers mit einer Charakteristik von Goethes Geistesart leitet die Freundschaft und Zusammenarbeit der beiden Schriftsteller ein.

Oktober: Goethe stimmt Schillers philosophisch-ästhetischer Abhandlung »Über die ästhetische Erziehung des Menschen in einer Reihe von Briefen« zu.

Verkehr im Kreise der Jenaer Professoren.

Goethe beendet seine Novellendichtung »Unterhaltungen deutscher Ausgewanderten«, die 1795/97 in Schillers Zeitschrift »Die Horen« erscheint.

1795 *Juli–August:* Kuraufenthalt in Karlsbad.

»Wilhelm Meisters Lehrjahre« (1.–4. Band).

1796 *Mai:* Bekanntschaft mit August Wilhelm Schlegel.

Goethe schließt die Arbeit an dem Versepos »Hermann und Dorothea« ab (erscheint im folgenden Jahr).

Gemeinsame Arbeit mit Schiller am »Musen-Almanach für das Jahr 1797« (erscheint September 1796), dem so genannten »Xenien-Almanach«.

Beginn der Verbindung mit Carl Friedrich Zelter in Berlin,

aus der bald eine tiefe Freundschaft erwächst.

Der singuläre »Briefwechsel zwischen Goethe und Zelter in den Jahren 1796 bis 1832« (6 Bände, 1833–34) wird nach dem Tod beider Freunde von Friedrich Wilhelm Riemer ediert.

1797 *März:* Bekanntschaft mit Friedrich Schlegel.

Schiller vermittelt die Bekanntschaft mit Johann Friedrich Cotta in Tübingen, der in den folgenden Jahrzehnten Goethes Hauptverleger wird.

Gemeinsame Arbeit mit Schiller am »Musen-Almanach für das Jahr 1798« (erscheint Oktober 1797), dem so genannten »Balladen-Almanach«.

August: Goethe reist in die Schweiz.

Dezember: Goethe übernimmt die Oberaufsicht über die Bibliothek und das Münzkabinett in Weimar.

Arbeit an der Neufassung des »Faust«.

1798 *März:* Goethe lernt Novalis kennen.

Juni: Fertigstellung der Elegie »Die Metamorphose der Pflanzen«.

Oktober: Die von Goethe herausgegebene Kunstzeitschrift »Propyläen« beginnt zu erscheinen (1798–1800).

1799 Erste Kunstausstellung der Weimarer Kunstfreunde.

3. Dezember: Schiller siedelt von Jena nach Weimar über.

1800 *April:* Reise mit Herzog Karl August nach Leipzig und Dessau.

1801 *Januar:* Goethe erkrankt an Gesichtsrose.

Juni: Reise mit dem Sohn August zur Kur nach Pyrmont. Aufenthalte in Göttingen und Kassel.

Oktober: Georg Wilhelm Friedrich Hegel besucht Goethe in Weimar.

1802 Goethe hält sich häufig in Jena auf.

Januar: Besuch von Friedrich de la Motte Fouqué.

Februar: Erster Besuch von Zelter in Weimar.

Juni/Juli: Aufenthalte in Lauchstädt, Halle und Giebichenstein.

Dezember: Geburt der Tochter Kathinka, die bald darauf stirbt.

1803 *Mai:* Reise nach Lauchstädt, Halle, Merseburg und Naumburg.

September: Friedrich Wilhelm Riemer wird Hauslehrer von

Goethes Sohn.

November: Goethe übernimmt die Oberaufsicht über die naturwissenschaftlichen Institute der Universität Jena.

1804 *August–September:* Aufenthalte in Lauchstädt und Halle.

September: Goethe wird zum Wirklichen Geheimen Rat mit dem Prädikat Exzellenz ernannt.

1805 Mehrmalige schwere Erkrankung Goethes (Nierenkolik).

9. Mai: Tod Schillers.

Juli–September: Aufenthalte in Lauchstädt.

August: In einem Artikel in der »Jenaischen Allgemeinen Literatur-Zeitung« spricht sich Goethe gegen die romantische Kunst aus.

Reise nach Magdeburg und Halberstadt.

Besuch in Jena, Zusammentreffen mit Achim von Arnim und Prinz Louis Ferdinand von Preußen.

»Winckelmann und sein Jahrhundert«.

Goethes Übersetzung von »Rameaus Neffe. Ein Dialog« von Denis Diderot erscheint.

1806 *April:* Goethe schließt »Faust. Der Tragödie Erster Teil« ab (Buchausgabe 1808).

Juni–August: Kuraufenthalt in Karlsbad.

Oktober: Heirat mit Christiane Vulpius.

1807 Erste Entwürfe zu dem Roman »Wilhelm Meisters Wanderjahre«.

April: Bettina Brentano besucht Goethe.

Mai–September: Goethe hält sich zur Kur in Karlsbad auf.

Bekanntschaft mit Minchen Herzlieb.

1808 *Mai–September:* Aufenthalte in Karlsbad und Franzensbad.

September: Tod der Mutter Goethes.

1809 Goethe schließt den Roman »Die Wahlverwandtschaften« ab (Buchausgabe im gleichen Jahr).

1810 *Mai–September:* Aufenthalte in Karlsbad, Teplitz und Dresden.

Goethes naturwissenschaftliches Hauptwerk »Zur Farbenlehre« (2 Bände) erscheint.

1811 *Mai–Juni:* In Karlsbad mit Christiane Vulpius und Friedrich Wilhelm Riemer.

Beginn der Arbeit an »Dichtung und Wahrheit«. Die ersten

drei Teile erscheinen zwischen 1811 und 1813, der vierte und letzte 1833 in der Ausgabe letzter Hand.

1812   *Mai–September:* Aufenthalte in Karlsbad und Teplitz. Begegnungen mit Ludwig van Beethoven und Kaiserin Maria Ludovica von Österreich.

1813   *April–August:* Aufenthalt in Naumburg, Dresden und Teplitz.
November: Goethe lernt Arthur Schopenhauer kennen.
Beginn der Arbeit an der »Italienischen Reise« (3 Bände, 1816–29) als Fortsetzung seines autobiographischen Werkes.

1814   *Mai–Juni:* Aufenthalt in Bad Berka bei Weimar.
Juni: Goethe schreibt die ersten Gedichte der Sammlung »West-östlicher Divan«.
Juli–Oktober: Reise an den Rhein und den Main.
Goethe besucht die Brüder Boisserée in Heidelberg.

1815   *Mai:* Zweite Reise an Rhein und Main.
Juli: Fahrt von Nassau nach Köln mit dem Freiherrn v. Stein.
Dezember: Goethe wird zum Staatsminister ernannt.
Goethe schreibt mehr als 140 Gedichte für den »West-östlichen Divan«.

1816   *6. Juni:* Nach schwerer Erkrankung stirbt Goethes Frau Christiane.
Juli–September: Aufenthalt in Bad Tennstedt.
Gemeinsam mit Johann Heinrich Meyer gibt Goethe die Kunstzeitschrift »Über Kunst und Altertum« (6 Bände, 1816–32) heraus.

1817   *April:* Goethe gibt die Leitung des Hoftheaters auf.
Juni: Heirat des Sohnes August mit Ottilie von Pogwisch.

1818   *April:* Geburt des Enkels Walther.
Juli–September: Aufenthalt in Karlsbad.

1819   Goethe beendet die Arbeit am »West-östlichen Divan« (erscheint im gleichen Jahr, erweiterte Ausgabe in 2 Bänden 1827).
August/September: Aufenthalt in Karlsbad.

1820   *April:* Zur Kur nach Karlsbad.
September: Geburt des Enkels Wolfgang.

1821   *Juli–September:* Aufenthalte in Marienbad und Eger.
Goethe begegnet zum ersten Mal Ulrike von Levetzow.

1822	*Juni–August:* Aufenthalte in Marienbad und Eger.

1822 *Juni–August:* Aufenthalte in Marienbad und Eger.
Goethe beendet die Niederschrift der autobiographischen Schrift »Campagne in Frankreich 1792. Belagerung von Mainz« (erscheint im gleichen Jahr).

1823 *Februar:* Goethe erkrankt an einer Herzbeutel- und Rippenfellentzündung.
Juni: Johann Peter Eckermann besucht Goethe.
Juli–August: Letzte Kur in Marienbad.
August–September: Aufenthalte in Eger und Karlsbad.

1824 *Juli:* Bettina von Arnim besucht Goethe.
Oktober: Besuch von Heinrich Heine.

1825 *Februar:* Goethe nimmt die Arbeit am »Faust II« wieder auf.

1826 *August –September:* Bettina von Arnim besucht Goethe.
September: Besuch des Fürsten von Pückler-Muskau.
September/Oktober: Franz Grillparzer ist für einige Tage Goethes Gast.
Dezember: Alexander und Wilhelm von Humboldt zu Besuch.

1827 *Januar:* Tod der Freundin Charlotte von Stein.
Besuche von Zelter und Hegel.
Oktober: Geburt der Enkelin Alma.
Bei Cotta in Tübingen erscheint der erste Band der Ausgabe letzter Hand (40 Bände, 1827–30, postum 20 Bände 1832–42).

1828 Besuch von Ludwig Tieck.
Juni: Tod des Großherzogs Karl August.
Juli–September: Aufenthalt auf der Dornburg.
Der »Briefwechsel zwischen Goethe und Schiller in den Jahren 1794 bis 1805« (6 Bände 1828–29) wird veröffentlicht.

1829 *Januar:* Der erste Teil des »Faust« wird in Braunschweig unter der Regie von Ernst August Friedrich Klingemann uraufgeführt.
Goethe beendet die Überarbeitung seines Romans »Wilhelm Meisters Wanderjahre« (erscheint im gleichen Jahr in den »Werken«).

1830 *Februar:* Tod der Großherzogin Luise.
Mai–Juni: Der Komponist Felix Mendelssohn-Bartholdy besucht Goethe.
Oktober: Tod des Sohnes August in Rom.

November: Goethe erleidet einen Blutsturz.

1831 *Juli:* Goethe beendet die Arbeit an »Faust. Der Tragödie Zweiter Teil« (erscheint nach Goethes Tod 1832 in den »Werken«).

August: Aufenthalt in Ilmenau.

1832 *22. März:* Nach einwöchiger Krankheit stirbt Goethe.

26. März: Beisetzung in der Weimarer Fürstengruft.